KB190977

엄마 자서전

초판 1쇄 발행 2025년 5월 8일

지은이 부키 편집부 | 발행인 박윤우 | 편집 김송은 김유진 박영서 백은영 성한경 장미숙 | 마케팅 박서연 정미진 정시원 함석영 | 디자인 박아형 이세연 | 경영지원 이지영 주진호 | 발행처 부키(주) | 출판신고 2012년 9월 27일 | 주소 서울시 마포구 양화로 125 경남관광빌딩 7층 | 전화 02-325-0846 | 팩스 02-325-0841 | 이메일 webmaster@bookie.co.kr | ISBN 979-11-93528-66-2 13190

만든 사람들
편집 박서연 박영서 | 디자인 이세연

엄마 자서전

100가지 질문에 답하며 완성하는

엄마 _____의 이야기

엄마의 삶에 대해 비교적 잘 알고 있다고 생각했기에, 이 책의 서문을 쓰는 게 그리 어렵지 않을 거라고 판단했다. 어쩌면 '이 질문들에 내가 대신 답할 수도 있지 않을까?'라는 오만한 생각을 했던 것 같다. 그런데 100개의 질문은커녕 초반부에서부터 막혀 버렸다. 나는 '나의 엄마'로서의 모습만 알고 있었을 뿐, 한 사람의 인생에 대해서는 거의 아는 것이 없구나, 하고 머리를 한 대 맞은 듯한 순간이었다.

어린 시절부터 성인이 된 지금까지, 그리고 내가 부모가 된 후에도 손주를 함께 키운다고 말할 정도로, 엄마는 언제나 내가 손을 뻗으면 닿는 곳에 계셨다. 언제든 손을 뻗으라고 자신의 위치를 조정하고, 자신이 필요할지를 먼저 물으셨다. 평소 나누는 대화도 적지 않았기에, 나는 엄마의 삶을 충분히 이해하고 사랑하고 있다고 믿어 왔지만, 돌아보니 그 대화는 오롯이 '나'를 위한 것이었다. 엄마가 종종 들려주신 몇 가지 에피소드나 인생의 특정 시기를 가지고, 나는 어느새 엄마의 삶 전체를 안다고 착각하고 있었던 것이다. 이 책에 쓰인 100가지의 질문은, 내가 알고 있는 것은 결국 나의 필요와 편의에 따라 기억해 온 엄마의 극히 '일부분'에 불과했음을 일깨워 주었다.

'엄마'라는 이름은 위대하면서도, 때로는 너무 많은 것을 당연히 여기게 만든다. 나를 돌봐 주는 사람, 잔소리를 하는 사람, 날씨가 추워지면 가장 먼저 나를 걱정하는 사람…. 하지만 엄마도 엄마이기 전에 누군가의 딸이었고, 어린 시절이 있었고, 사랑과 방황이 뒤섞인 청춘을 지나 지금의 엄마가 된 것이라는 사실을, 우리는 너무 쉽게 잊고 살아간다.

"어릴 때 취미는 뭐였어요?"
"10대 때 있었던 일 중 가장 기억에 남는 사건은 뭐예요?"
"20대의 엄마는 어떤 사람이었어요?"
"나를 키우면서 제일 힘들었던 순간은 언제예요?"

엄마가 집에 오신 날, 농담하듯 가볍게 이 책의 질문들을 하나둘 던져 보기 시작했다. 엄마는 생각보다 주저하지 않고 자신의 이야기를 꺼내셨고, 오히려 질문을 받는 일을 즐거워

하시는 듯했다. 부모님도 자식에게 보호자가 아닌 '한 사람'으로 관심받고 존중받을 때 기쁨을 느끼는 것은 어찌 보면 당연한 일이었다. 이 책을 읽고 단 몇 개의 질문이라도 곁에 계신 부모님과 나눌 수 있다면, 큰 행운일 것이다. 기회는 언제나 우리를 기다려주지 않으니까. 이 책을 함께 완성해 나가는 일은, 단지 엄마의 삶에 대한 정보를 얻는 일이 아니다. 엄마의 삶을 이해하고, 기억하고, 깊이 사랑하게 되는 과정일 것이다.

언뜻 단순해 보였지만, 하나를 가지고 하루를 곱씹을 만큼 깊고 철학적인 질문들도 많았다. 그래서 이 책은 서두르지 않고, 엄마와 함께하는 날마다 한 페이지, 두 페이지씩 아껴 채우고 싶다는 생각이 들었다. 당분간은 나의 엄마와 이 질문들을 함께 읽어갈 테지만, 언젠가 나의 아이가 나에게 이런 질문을 건네준다면, 상상만으로도 나는 충분히 행복하다.

김소영
방송인, 책발전소 대표

엄마 자서전
사용법

이 책은 총 100개의 질문으로 구성되어 있습니다.

엄마의 어린 시절부터 청춘, 가족 이야기,
지금의 일상과 엄마가 꿈꾸는 미래까지.
질문을 따라가며, 엄마의 삶 전체가
자연스럽게 그려지도록 정리했어요.

책등에서 '쩍' 소리가 날 만큼 활짝 펼쳐 써도 괜찮아요.

손에 익고, 곁에 오래 둘 수 있도록
양장 제본으로 제작했습니다.

엄마 자서전은
이런 순간에 함께할 수 있어요

* 가족을 위한 선물로

특별한 날, 엄마가 직접 쓴 인생 이야기를 가족에게 전하세요.
다시 없을, 아주 소중한 선물이 될 거예요.

* 기억을 기록하는 도구로

점점 흐릿해지는 기억을 글로 남겨
스스로를 돌아보는 시간으로도 사용할 수 있어요.

* 가족 간 대화를 여는 계기로

자녀가 직접 질문을 하고, 이야기를 받아 적는 방식으로도
활용할 수 있어요. 가족과 대화를 나누는 그 시간 자체가,
오래도록 마음에 남을 순간이 될 거예요.

* 세상에 단 하나뿐인 자서전으로

글이 매끄럽지 않아도, 글씨가 예쁘지 않아도 괜찮아요.
엄마의 말투, 엄마의 손 글씨 그대로도 충분해요.

엄마 자서전을
시작하는 당신에게

* 이 책의 주인공은 '엄마'입니다.

그렇지만 엄마가 직접 펜을 들지 않아도 괜찮아요.

자녀가 엄마의 이야기를 곁에서 듣고,

그 기억을 정성스레 정리해 담아도 좋답니다.

가장 중요한 것은 누가 쓰느냐가 아니라,

어떤 마음이 담기느냐예요.

* 마음 가는 질문부터 산책하듯 떠나요.

질문의 순서를 꼭 지킬 필요는 없어요.

가장 먼저 떠오르는 기억부터, 자연스럽게 흘러나오는

이야기부터 시작해도 괜찮습니다.

이 책은 엄마의 삶을 따뜻하게 되새기는 여정이니까요.

* 빈칸이 있어도 괜찮아요.

모든 질문에 답하지 않아도 괜찮아요.

어떤 기억은 말로 꺼내기 어려울 수도 있습니다.

그런 건 마음속에 남겨 두어도 괜찮아요. 만약 추가하고 싶은

질문이 있다면 '우리만의 질문'란을 활용해 보세요.

* 사랑이 담긴 편지로 마무리해 보세요.

책의 마지막 페이지에는 자녀에게 전하고 싶은 마음을 담는

편지 페이지가 있어요. 평소 표현하지 못했던

고마움과 사랑을 꾹꾹 눌러 적어 보세요.

배움의 길은 쓰지만, 그 끝은 달콤하다.

◈ 아리스토텔레스

질문과 관련된 사진이나 그림이 있다면,
자유롭게 이 페이지를 꾸며 보세요.

Question 12

학창 시절에 부모님께
가장 많이 들었던 잔소리는 뭐예요?

○

질문에 대한 답을
자유롭게 써 보세요.

A.   할 일은 미리 하고 밤에는 자라.

어릴 때 너랑 똑같았어. 하루 종일 놀다가,

밤 늦게 숙제한다고 책상에 앉았지.

그때마다 아버지(너에겐 할아버지)는

'할 일은 미리 하고 밤에는 자라'며 불을 끄셨어.

그땐 잔소리라며 그냥 흘려들었는데,

그 말을 들었어야 했어. 그럼 고생을 덜 했을 텐데.

니가 과제한다고 늦게 잘 때마다

이런 것까지 부모를 닮는구나 싶더라.

작성 날짜를 써 주세요.

Date. 20 **25** / **5** / **8** /

13

목차

✉ 사랑하는 _____ 에게

엄마의 어린 시절 이야기

엄마의 첫 기억

1

집은 모든 여정의 시작점이다.

———

◇ T. S. 엘리엇

엄마는 어디서 태어났어요?
어릴 때 살았던 집은 어땠나요?

○

A.

아이들의 웃음만큼 전염성이 강한 것은 없다.

———

◇ 크리스 자미

어릴 때
가장 행복했던 기억은 뭐예요?

○

A.

놀이는 아이의 영혼을
가장 자유롭게 표현하는 수단이다.

———

◇ 프리드리히 프뢰벨

Question 3

누구와 뭘 하면서 노는 게
가장 즐거웠어요?

○

A.

우정은 기쁨을 두 배로 만들고 슬픔을 반으로 나누어,
행복을 증진시키고 고통을 덜어 준다.

———

◇ 마르쿠스 툴리우스 키케로

친구들이 붙여 준 별명은 뭐였어요?
왜 그런 별명이 생겼나요?

○

A.

우리가 원하는 것을 얻지 못하는 것,
실은 우리에게 주어진 행운일 수 있다.

———

◇ 달라이 라마

Question 5

갖고 싶었지만 부모님이
안 사 주신 물건이 있나요?
왜 그 물건이 가지고 싶었어요?

○

A.

먹는 걸 좋아하는 사람치고 나쁜 사람은 없다.

———

◇ 줄리아 차일드

Question 6

어릴 때 좋아했던 음식은 뭐예요?
엄마도 편식하는 음식이 있었어요?

○

A.

즐거움이 있는 곳엔, 두려움이 없다.

———

◇ 윌 토마스

어릴 때 취미는 뭐였어요?

○

A.

이 세상 어떤 꿈도,
용기 앞에선 실현 가능하다.

———

◇ 월트 디즈니

어릴 때
장래 희망은 뭐였어요?

○

A.

세상 모든 지혜는 경험으로부터 나온다.

———

◇ 줄리어스 시저

Question 9

10대 때 있었던 일 중
가장 기억에 남는 사건은 뭐예요?

○

A.

음악은 모든 지혜와 철학을 넘어선 깊은 깨달음이다.

———

◇ 루트비히 판 베토벤

Question 10

학창 시절에
가장 많이 들었던 노래는 뭐예요?

○

A.

오랜 친구가 주는 축복 중 하나는,
그들 앞에서 바보처럼 굴어도 괜찮다는 점이다.

———

◇ 랠프 월도 에머슨

Question 11

10대 때 가장 친했던 친구의 이름은 뭐예요?
아직도 연락해요? 그 친구와 있었던
가장 기억에 남는 일은 뭐예요?

○

A.

배움의 길은 쓰지만, 그 끝은 달콤하다.

———

◇ 아리스토텔레스

학창 시절에 부모님께
가장 많이 들었던 잔소리는 뭐예요?

○

A.

내일 죽을 것처럼 살고,
영원히 살 것처럼 배워라.

———

◇ 마하트마 간디

Question 13

어떤 과목을 제일 좋아했어요?
왜 그 과목을 좋아했나요?

○

A.

지식에 투자하는 일만큼 확실한 이익은 없다.

———

◇ 벤저민 프랭클린

Question 14

어떤 과목을 제일 싫어했어요?
왜 그 과목을 싫어했나요?

○

A.

엄마의 청춘 이야기

가장 빛났던 순간들

2

청춘은 시행착오 그 자체다.

———

◇ 로버트 스티븐슨

Question 15

20대의 엄마는
어떤 사람이었어요?

○

A.

첫사랑은 언제나 완벽해 보인다,

두 번째 사랑을 만나기 전까진.

———

◇ 엘리자베스 애스턴

엄마의 첫사랑은 언제였어요?
어떤 사람이었는지 기억해요?

○

A.

행복은 우리가 미처 열어 둔 줄도 몰랐던
문틈으로 찾아온다.

──────

◇ 존 배리모어

Question 17

20대 때
가장 행복했던 순간은 언제예요?

○

A.

좋아하는 일을 할 때,
비로소 삶은 풍요로워진다.

———

◇ 웨인 다이어

Question 18

20대 때 취미는 뭐였어요?

◯

A.

새로운 목표를 세우고,
새로운 꿈을 꾸기에 늦은 나이란 없다.

⸻

◇ 레스 브라운

Question 19

20대 때 도전해 보고 싶었지만
못한 일이 있나요?

◯

A.

때로 값비싼 대가를 치르게 하지만,
경험만큼 확실한 가르침도 없다.

———

◇ 토머스 칼라일

Question 20

아르바이트를 해 본 적이 있어요?
어떤 일이었나요?

○

A.

빛 속을 혼자 걷는 것보다,
어둠 속을 친구와 함께 걷는 편이 낫다.

———

◇ 헬렌 켈러

Question 21

성인이 되고 나서 사귄 친구가 있나요?
그 친구와 친해지게 된 계기는 뭐예요?

○

A.

시간이 지나면서 물건의 가치는 희미해지지만,
그 안에 담긴 기억은 더욱 선명해진다.

———

◇ 마거릿 리 런벡

20대 때 가장 소중히 여겼던
물건은 뭐예요?

○

A.

청춘은 인생의 한 시기가 아니라, 마음의 상태다.

———

◇ 사무엘 울만

20대로 돌아간다면
가장 먼저 하고 싶은 일이 뭐예요?

○

A.

음악은 상처 입은 마음을 치유하는 약이다.

———

◇ 리 헌트

Question 24

20대 때
가장 많이 들었던 노래는 뭐예요?

○

A.

절대 후회하지 마라.
좋은 일이라면 축하하면 되고,
나쁜 일은 경험이 될 테니까.

―――

◇ 빅토리아 홀트

Question 25

20대를 돌이켜 봤을 때
가장 후회되는 일이 뭐예요?

○

A.

왜 살아야 하는지를 아는 사람은
그 어떤 상황도 견딜 수 있다.

———

◇ 프리드리히 니체

Question 26

20대 때 가졌던
인생철학(좌우명)은 뭐예요?

○

A.

옷차림은 흐트러져도 괜찮지만,
마음만은 항상 정갈하게 지켜야 한다.

———

◇ 마크 트웨인

20대 때
어떤 스타일의 옷을 즐겨 입었어요?

○

A.

아이들이 어른보다 덜 지적인 것은 아니다.
다만 경험이 부족할 뿐이다.

_____

◇ 존 버닝햄

20대 때 부모님과 가치관이 달라
고민했던 적이 있나요?

○

A.

엄마와 아빠의 이야기

함께라서 더 행복했던 날들

3

사랑할 때야말로 우리는

가장 생생하게 살아 있음을 느낀다.

———

◇ 존 업다이크

Question 29

아빠와 어떻게 처음 만났어요?
첫인상은 어땠어요?

○

A.

삶에서 가장 큰 행복은,
그럼에도 불구하고 사랑받고 있다는 확신이다.

———

◇ 빅토르 위고

아빠와 연애했을 때,
가장 기억에 남는 장소는 어디예요?

○

A.

사랑받고 싶다면, 먼저 사랑하라.

———

◇ 루키우스 안나이우스 세네카

아빠가 준 선물 중
가장 기억에 남는 것은 뭐예요?

○

A.

서로를 용서하는 것이야말로
가장 아름다운 사랑의 모습이다.

———

◇ 존 셰필드

Question 32

아빠와 다퉜을 때
어떻게 화해했어요?

○

A.

누군가에게 있는 그대로의 자신을 보여 주고,

그럼에도 불구하고 사랑받는 것은

기적에 가까운 인간적인 선물이다.

———

◇ 엘리자베스 길버트

Question 33

아빠와
결혼을 결심한 계기가 있어요?

○

A.

사랑은 두 사람이 함께할 때,
모두가 이기는 게임이다.

────

◇ 에바 가보르

결혼 전과 후
가장 큰 차이점은 뭐예요?

◯

A.

사랑은 완벽한 사람을 찾는 게 아니라,
불완전한 사람을 있는 그대로 사랑하는 일이다.

————

◇ 샘 킨

'결혼하길 잘했다'
싶은 때는 언제인가요?

○

A.

행복한 결혼 생활이란,

아무리 길어져도 늘 아쉬운 대화 같은 것이다.

——

◇ 앙드레 모루아

Question 36

가장 기억에 남는 신혼 시절
에피소드는 뭐예요?

○

A.

아기는 뱃속에서 9개월, 품 안에서 3개월,
가슴속에서 평생 함께하는 존재다.

───

◇ 메리 메이슨

Question 37

임신 소식을 처음 접한 순간
아빠의 반응은 어땠어요?

○

A.

행복한 가정은 미리 누리는 천국이다.

———

◇ 존 보우링

아빠와의 결혼 생활에서
가장 감사한 점은 뭔가요?

○

A.

엄마와 나의 이야기

엄마가 된다는 것은…

4

부모가 되어 보기 전까지는,
부모의 사랑을 진정으로 이해할 수 없다.

———

◇ 헨리 워드 비처

나를 가졌단 걸 알게 되었을 때
어떤 기분이었어요?

○

A.

저울의 한쪽 편에 세계를 실어 놓고,
다른 한쪽 편에 나의 어머니를 실어 놓는다면,
세계가 훨씬 가벼울 것이다.

———

◇ 랭데일 경

Question 40

내 태몽이 있었어요?
누가 무슨 꿈을 꿨나요?

○

A.

이름보다 더 소중한 것은 없다.

――――

◇ 탈무드

Question 41

내 이름은 누가 지었어요?
어떤 뜻이에요?

○

A.

Date. 20   /   /

아기가 허공을 보며 웃을 때,
어쩌면 천사를 보고 있는지도 모른다.

———

◇ 에일린 프리먼

Question 42

내가 태어났을 때
어떤 감정을 느꼈나요?

○

A.

사람은 생명이 몸 안에서 자라기 전까진
생명을 결코 이해하지 못한다.

————

◇ 산드라 카시스

Question 43

나를 임신했을 때
가장 먹고 싶었던 음식은 뭐예요?

○

A.

당신이 느끼는 행복은
당신이 주는 사랑과 정비례한다.

———

◇ 오프라 윈프리

Question 44

내가 가장 예뻤던 순간은 언제예요?

○

A.

가장 큰 사랑은,
뒤늦게서야 그 무게를 알게 된다.

———

◇ 작자 미상

Question 45

나 때문에 울었던 적이 있나요?

○

A.

아기는 늘 생각했던 것보다 더 힘들고,
더 경이로운 존재다.

———

◇ 찰스 오스굿

Question 46

나를 키우면서
제일 힘들었던 순간은 언제예요?

○

A.

삶의 무게와 아픔을 덜어 주는 단 한마디,

그건 바로 사랑이다.

———

◇ 소포클레스

Question 47

'낳길 잘했다'
생각한 때는 언제예요?

◯

A.

어머니는 자녀들이 말하지 않은 것도 다 알고 있다.

———

◇ 작자 미상

말은 안 했지만,
내 선택을 말리고 싶었던 적이 있나요?

◯

A.

세상에서 부모가 되는 일보다
더 중요한 직업은 없다.

_____

◇ 벤 카슨

나의 장점 3가지를 꼽아 본다면
어떤 게 있나요?

○

A.

집은 있는 그대로의 나를 받아 주는 안식처다.

———

◇ 마야 안젤루

Question 50

나의 단점 중
고쳐 줬으면 하는 것은 뭔가요?

○

A.

어머니의 마음은 깊은 심연과 같아서,
그 바닥에는 언제나 용서가 자리하고 있다.

———

◇ 오노레 드 발자크

Question 51

어떤 때 나한테 서운함을 느끼나요?

○

A.

신은 모든 곳에 있을 수 없기에,
어머니를 만들었다.

———

◇ 유대인 속담

내가 엄마를 닮은 점과
닮지 않은 점은 뭐예요?

○

A.

타인에게 줄 수 있는 가장 위대한 선물은

아무 조건 없는 사랑과

있는 그대로를 받아들이는 마음이다.

———

◇ 브라이언 트레이시

Question 53

내가 한 선물 중
가장 기억에 남는 건 뭐였어요?

◯

A.

모든 관계 중에서도 특히 결혼은,
서로에 대한 존중에서 기반해야 한다.

———

◇ 에이미 그랜트

Question 54

엄마는 내가 결혼했으면 좋겠나요?
결혼하게 된다면 미래의 배우자는
어떤 사람이면 좋겠어요?

○

A.

당신이 하는 일은 어떻게든 세상에 흔적을 남긴다.
그게 어떤 흔적일지는 당신의 몫이다.

———

◇ 제인 구달

Question 55

내가 어떤 사람이
되면 좋겠어요?

○

A.

우리에게 있어 가족이란 서로 팔짱을 끼고
함께 있어 주는 존재다.

———

◇ 바버라 부시

Question 56

앞으로 나랑
하고 싶은 게 있다면 뭐예요?

○

A.

자녀에게 물려줄 가장 귀한 유산은 재산이 아니라,
경외하는 마음가짐이다.

———

◇ 플라톤

Question 57

나한테 꼭 해 주고 싶은
조언이 있다면 뭐예요?

○

A.

부모는 그대에게 삶을 주고도
이제 당신의 삶까지 주려고 한다.

──────

◇ 척 팔라닉

Question 58

나한테 해 주지 못해
미안한 게 있나요?

○

A.

엄마와 부모님 이야기

엄마도 엄마, 아빠가 그리울 때가 있다

5

어머니의 눈을 들여다보면,
세상에서 가장 순수한 사랑이 거기 있다는 걸 느낄 수 있다.

———

◇ 미치 앨봄

Question 59

할머니는 어떤 분이셨어요?

◯

A.

어머니의 흔들림 없는 사랑을 받고 자란 사람은,
삶 전체를 자신감과 성공에 대한 믿음 속에서 살아간다.

———

◇ 지그문트 프로이트

엄마는 할머니의
어떤 면을 닮았어요?

○

A.

아버지 한 사람이
백 명의 스승보다 더 깊은 가르침을 준다.

———

◇ 조지 허버트

Question 61

할아버지는 어떤 분이셨어요?

○

A.

자기 아이를 진심으로 아는 아버지야말로
진정 지혜로운 사람이다.

————

◇ 윌리엄 셰익스피어

Question 62

엄마는 할아버지의
어떤 면을 닮았어요?

○

A.

키스해 주는 어머니도 있고
꾸중하는 어머니도 있지만
사랑하기는 마찬가지다.

———

◇ 펄 벅

Question 63

엄마도 부모님께 혼난 적이 있나요?
혼난 이유는 뭐예요?

◯

A.

얼마나 많이 주느냐보다

얼마나 많은 사랑을 담느냐가 중요하다.

———

◇ 마더 테레사

Question 64

부모님께 받은 선물 중
가장 기억에 남는 것은 뭐예요?

○

A.

부모의 말은 자녀의 마음속에 오래도록 머문다.

———

◇ 작자 미상

Question 65

부모님께 들은 조언 중
가장 기억에 남는 것은 뭐예요?

○

A.

나무가 고요하고자 하니 바람이 멈추지 않고
자식이 효도하고자 하니 어버이가 기다리지 않는다.

———

◇ 한영

부모님이 가장 그리운 순간은 언제예요?

○

A.

세상을 바꾸고 싶다면,
먼저 집으로 돌아가 가족을 사랑하라.

———

◇ 마더 테레사

부모님이 해 주신 음식 중
가장 맛있었던 것은 뭐예요?

○

A.

세상에서 무엇보다 소중한 건,

가족과 사랑이다.

———

◇ 존 우든

부모님과 싸운 적이 있어요?
싸운 이유는 뭐예요?

○

A.

'부모'는 세상에서 가장 위대한 이름 중 하나이고,
'엄마' '아빠'라고 부를 수 있는 부모가 있다는 건
인생에서 가장 큰 축복 중 하나다.

———

◇ 짐 드민트

부모님께 하고 싶었지만
못한 말이 있나요?

○

A.

엄마의 일상 이야기

소소하지만 확실한 행복으로 가득한 날들

6

일생에 한 번 있을까 말까 한 큰 행운보다는,
날마다 일어나는 소소한 기쁨에서
더 많은 행복을 찾을 수 있다.

———

◇ 벤저민 프랭클린

엄마 인생에서
가장 행복했던 순간은 언제예요?

○

A.

성공은 내가 바란 것을 손에 넣는 것이고,
행복은 그 손에 쥔 것을 진심으로 좋아하는 것이다.

―――

◇ H. 잭슨 브라운 주니어

엄마가 생각하는
'성공한 인생'은 어떤 거예요?

○

A.

우리는 과거에서 배우고, 현재를 활용하며,
그 현재를 바탕으로 더 나은 미래를 살아가야 한다.

———

◇ 윌리엄 워즈워스

Question 72

과거로 돌아갈 수 있다면,
어느 순간을 선택하고 싶어요?
가장 먼저 하고 싶은 일이 뭐예요?

○

A.

희망이 중요한 이유는,
현재의 고통을 견디게 해 주기 때문이다.
내일이 더 나을 거라 믿는다면,
오늘의 시련도 이겨 낼 수 있다.

———

◇ 틱낫한

Question 73

엄마 인생에서
가장 힘들었던 때는 언제였어요?
어떻게 그 시절을 이겨냈나요?

○

A.

가족은 어제를 떠올리게 하고,
오늘을 버티게 하며,
내일을 꿈꾸게 한다.

◇ 빌 오언스

Question 74

인생에서 딱 한 장면만
액자로 담을 수 있다면,
그 순간은 언제인가요?

○

A.

진짜 강한 사람은, 누구의 도움 없이도
혼자 서 있을 수 있는 사람이다.

———

◇ 헨리크 입센

엄마도 외롭다고 느낄 때가 있나요?
어떨 때 그런 느낌을 받아요?

○

A.

나는 인기보다 존중이
훨씬 더 크고 본질적인 가치라고 믿는다.

―――

◇ 줄리어스 어빙

엄마도 존경하는 사람이 있나요?
그 사람의 어떤 점을 존경해요?

○

A.

후회를 외면하지 말고 최대한 활용하라.
깊은 후회는 삶을 다시 시작하는 또 다른 방식이다.

———

◇ 헨리 데이비드 소로우

인생에서
후회하는 선택이 있나요?

○

A.

인생을 다시 살 수 있다면,
그땐 더 과감히 실수하며 살아 보리라.

———

◇ 나딘 스테어

다시 태어난다면
어떤 삶을 살고 싶어요?

◯

A.

인생의 가치는 그 길이에 있는 것이 아니라,
우리가 그 시간을 어떻게 살아 내느냐에 달려 있다.

———

◇ 미셸 드 몽테뉴

Question 79

엄마의 하루 일과는
어떻게 흘러가나요?

○

A.

세상에서 가장 소중하고 아름다운 것은
눈으로 볼 수도, 손으로 만질 수도 없다.
그것은 오직 마음으로만 느낄 수 있다.

────

◇ 헬렌 켈러

엄마의 가장 소중한 물건은 뭔가요?

○

A.

음식에 대한 사랑만큼 진실한 사랑은 없다.

———

◇ 조지 버나드 쇼

Question 81

가장 좋아하는 음식과
싫어하는 음식은 뭐예요?

○

A.

내가 지금 이 자리에 있을 수 있는 것도,
앞으로 내가 이루고자 하는 모든 것도,
모두 천사 같은 어머니의 사랑 덕분이다.

——

◇ 에이브러햄 링컨

Question 82

엄마, 행복하세요?

○

A.

겨울이 잠이고, 봄이 탄생이며,
여름이 삶이라면, 가을은 숙고의 시간이다.

———

◇ 미첼 버지스

Question 83

가장 좋아하는 계절과
그 이유는 뭐예요?

◯

A.

집이 얼마나 큰지는 중요하지 않다.
그 안에 사랑이 있는지가 중요하다.

———

◇ 피터 버핏

가족들에게 바라는 것이 있어요?

○

A.

좋은 책을 읽는 것은, 마치 지난 세기의
가장 훌륭한 사람들과 대화하는 것과 같다.

———

◇ 르네 데카르트

Question 85

가장 좋아하는 영화나 책이 있어요?
왜 그 영화/책을 좋아해요?

○

A.

말로는 다 표현할 수 없을 때,
음악이 그 모든 것을 대신한다.

———

◇ 한스 크리스티안 안데르센

Question 86

요즘 가장
즐겨 부르는 노래는 뭐예요?

○

A.

인생에서 성공하는 비결 중 하나는
좋아하는 음식을 마음껏 즐기고,
그 결과는 자연스럽게 받아들이는 것이다.

———

◇ 마크 트웨인

Question 87

엄마의 가장 자신 있는 음식은 뭐예요?
비법 레시피는 어떻게 되나요?

◯

A.

건강보다 나은 재산은 없다.

———

◇ 영국 속담

Question 88

엄마, 요즘 컨디션은 어때요?
어디 불편한 데는 없어요?

○

A.

인생이 우리에게 줄 수 있는 최고의 상은
가치 있는 일에 최선을 다할 기회다.

———

◇ 시어도어 루스벨트

Question 89

요즘 가장
보람을 느끼는 순간은 언제예요?

○

A.

좋은 취미를 가지면 삶이 즐겁지만,
나쁜 취미를 가지면 늘 불행의 불씨를 안고 살게 된다.

———

◇ 작자 미상

요즘 푹 빠진 취미는 뭐예요?

○

A.

해결될 문제라면 걱정할 필요가 없고,
해결이 안 될 문제라면 걱정해도 소용없다.

————

◇ 티베트 속담

Question 91

엄마, 요즘 뭐가 가장 고민이에요?

○

A.

행운은 준비된 자에게 미소 짓는다.

———

◇ 루이 파스퇴르

로또 1등에 당첨된다면,
제일 먼저 하고 싶은 게 뭐예요?

○

A.

엄마의 다음 이야기

나를 위해 살아갈 날들

7

사십은 청춘의 노년,
오십은 노년기의 청춘이다.

─────

◇ 빅토르 위고

Question 93

엄마는 어떻게 나이 들고 싶어요?

◯

A.

여행은 언제나 돈의 문제라기보다,

용기의 문제다.

———

◇ 파울로 코엘료

공짜로 1년간 해외에서 살 수 있다면,
어느 나라/도시에서 살고 싶어요?
가서 제일 하고 싶은 게 뭐예요?

○

A.

나이 드는 것에 집착하지 말고,
성숙해지는 것에 집중하라.

———

◇ 필립 로스

할머니가 되어서도
꾸준히 하고 싶은 것이 있나요?

○

A.

모든 어머니는 위대한 철학자다.

———

◇ 해리엇 비처 스토

엄마, 다시 태어나도
내 엄마가 되어 주실래요?

○

A.

자신의 삶을 즐겼다면
그는 인생의 실패자가 아니다.

———

◇ 윌리엄 페더

엄마가 살아온 인생을
점수로 표현한다면,
몇 점을 주고 싶나요?

○

A.

남은 삶은 선물이다.

———

◇ 리오 바바우타

오늘이 엄마 인생의 마지막 날이라면,
엄마는 누구와 어떤 시간을 보내고 싶나요?

○

A.

아이들에게 남겨 줄 최고의 유산은
행복한 추억이다.

———

◇ 오그 만디노

Question 99

나에게 물려주고 싶은
가장 소중한 물건은 뭐예요?

○

A.

가족과 함께하는 시간이 없다면,
당신의 우선순위를 다시 생각해 봐야 한다.

————

◇ 데이브 윌리스

Question 100

가족들에게 꼭 남기고 싶은
마지막 한마디가 있다면,
어떤 말을 전하고 싶어요?

○

A.

우리만의 질문

100개의 질문엔 담기지 않은 이야기

A.

Question 102

A.

Question 103

A.

A.

Question 105

A.

사랑하는 ＿＿＿＿＿＿＿에게